BollyNan

# INDIAN STREET FOOD

## CHEESE NAN, NAN AU SUCRE, TANDOORI, DAHL, LASSI...
## ET AUTRES DÉLICES INDIENS

**KRISHANE RENGHEN**
PHOTOGRAPHIES DE CHARLOTTE LASCÈVE

LES PETITS PLATS
MARABOUT
ORIGINAUX & AUTHENTIQUES
DEPUIS L'AN 2000

# SOMMAIRE

## BASIQUES



## NANS



## ENTRÉES



## PLATS TRADITIONNELS



## DESSERTS ET BOISSONS

# bienvenue chez Bollynan

Bollynan est une petite cantine indienne montée dans une ancienne rôtisserie. À l'entrée, un tandoor, le four à nan traditionnel en forme de jarre, et juste derrière, un comptoir garni de plats colorés qui font rêver d'épices et de voyage.

Bollynan invite à redécouvrir la cuisine indienne, en mettant à la portée de tous une cuisine douce, épicée mais peu relevée, simple et goûteuse. Le dosage précis des épices et le subtil mariage d'herbes tient aux origines du chef, franco-indien. Bollynan s'est même réapprorié le poulet rôti en guise de clin d'œil en le revisitant avec des épices et en l'accompagnant de son fameux gratin de pommes de terre.

Le nan est proposé selon un savoir-faire ancestral et typique, façonné minute et cuit au tandoor. Bollynan propose la recette originale du nan au fromage mais aussi une dégustation du nan autrement : en version salée (nan fourré au saumon ou au poulet), sucrée (au chocolat ou à la frangipane entre autres), et même en chausson, comme un sandwich.

# PETIT PLACARD INDIEN

## ÉPICERIE

Presque toutes les épices se trouvent au supermarché. Sinon, dans les épiceries indiennes et africaines.

**POUDRE TANDOORI :** mélange d'épices de couleur rouge, composé de paprika, d'ail, de thym, de sel, de cumin, de poivre noir, de céleri, de romarin, de fénugrec, de girofle, de laurier et de cannelle. Son goût très riche se révèle à la cuisson.

**PÂTE TANDOORI :** pâte composée d'oignons, d'ail, de gingembre frais, de coriandre, de curcuma, de garam massala, de muscade, de girofle et d'huile de carvi, le tout mixé puis cuit. Elle s'utilise pour les marinades.

**CUMIN (GRAINES ET POUDRE) :** plante aux vertus digestives qui compose les mélange d'épices indiens comme le massala ou le garam massala.

**GINGEMBRE (FRAIS OU EN POUDRE) :** il relève le goût du curry ; frais, son parfum est plus intense.

**POUDRE MASSALA :** mélange d'épices de couleur jaune composé de coriandre, de cumin, de fénugrec, de graines de moutarde, de girofle, de cannelle et de curcuma. Les épices sont grillées et moulues. Le mélange existe avec ou sans piment.

**CORIANDRE (POUDRE) :** elle s'utilise dans toutes les bases de curry ; on l'intègre en début de préparation.

**AIL :** l'ail blanc épluché et haché dégage un goût fort nécessaire à la confection du curry.

**CARDAMOME :** cette gousse verte qui renferme des graines s'utilise aussi bien pour les plats que pour les desserts ou le tchai. La gousse doit être coupée en deux pour dégager tout son parfum.

**CANNELLE :** en poudre ou en bâtonnet, elle est très parfumée et se marie aussi bien avec le salé que le sucré. Elle nécessite un bon dosage.

**CLOU DE GIROFLE :** sa saveur très forte se marie bien à la cannelle, au gingembre et à la cardamome. On le retrouve dans tous les mélanges de curry et également pour la cuisson du riz.

**PIMENT VERT/ROUGE :** le piment antillais est recommandé car il est très fort et idéal pour les chutneys ou les plats relevés. Le vert est moins relevé.

**NOIX DE CAJOU :** elle apporte un côté croquant aux préparations telle que le poulet curry au lait de coco.

**LENTILLES JAUNES :** dans le commerce, on les trouve sous le nom de lentilles corail. Les indiens disent « chanadhall ».

**OIGNONS FRITS :** oignons émincés finement et frits jusqu'à coloration. À réaliser soi-même ou à acheter en épicerie indienne.

## HERBES

Les herbes apportent la fraîcheur qui permet déquilibrer la force des plats : coriandre, aneth et menthe s'ajoutent en fin de préparation.

## USTENSILES

Rouleau à pâtisserie : pour étaler la pâte des nans.

Pinceau : pour « épousseter » les nans avant cuisson.

Blender ou mixeur : pour les lassis, chutneys et currys.

## FOUR TANDOOR

Ce four ancestral en terre cuite et en forme de jarre est le four à nan traditionnel. Il chauffe à très haute température, ce qui donne aux nans une saveur et une texture particulières. La meilleure façon de reproduire l'atmosphère de cuisson du tandoor est d'utiliser son four ménager à la plus haute température (300 °C si possilbe, mais les nans cuisent très bien à 280 °C également).

ROYAL
PIMENTÓN
OLD FLAKE
GUARANTEED

PRÉPARATION 20 MINUTES • CUISSON 20 MINUTES • POUR 1 RECETTE POUR 4 PERSONNES

# BASE DE CURRY

**130 g d'oignons frits (oignons frits séchés, en supermarché)**
**3 gousses d'ail écrasées**
**1 c. à c. de graines de cumin**
**1 c. à c. de gingembre moulu**
**1 c. à c.de poudre tandoori**
**1 c. à c. de coriandre moulue**
**1 c. à c. de poudre massala**
**250 g de tomates concassées en conserve**
**1 filet d'huile végétale**
**1 l d'eau**
**7 g de sel**

Mettre à tremper les oignons frits dans 1 l d'eau pendant 20 minutes. Éplucher et hacher les gousses d'ail. Dans une casserole haute, faire revenir dans l'huile les graines de cumin avec l'ail 1 minute.

Ajouter toutes les épices et faire revenir jusqu'à coloration. Les épices doivent bien griller. Si le mélange accroche dans le récipient, le détendre avec un peu d'eau. Ajouter les tomates concassées et bien remuer jusqu'à ébullition. Ajouter les oignons frits et laisser mijoter 20 minutes, en remuant fréquemment. Verser le mélange dans une autre casserole et mixer le tout. Conserver au réfrigérateur (2 jours maximum).

**Utilisation :**
*Poulet madras, poulet massala, poulet au curry au lait de coco, caviar d'aubergnines, poisson au curry, épinards à la crème de curry, dahl...*

PRÉPARATION 10 MINUTES • POUR 1 RECETTE POUR 4 PERSONNES

# SAUCE TANDOORI

**250 g de fromage blanc (30 % MG)**
**80 g de pâte tandoori**
**3 c. à c. de poudre tandoori**
**1 c. à c. de gingembre moulu**
**1 gousse d'ail écrasée**
**1 c. à c. de coriandre moulue**
**Sel, poivre**

Placer le fromage blanc dans un saladier. Ajouter ensuite toutes les épices et l'ail épluché et écrasé.

Assaisonner en sel et poivre, et mélanger le tout jusqu'à obtention d'une texture homogène et sans grumeaux.

Couvrir le saladier avec du film alimentaire et le conserver au frais (2 jours maximum).

**Utilisation :**
*Poulet tandoori, saumon tandoori, poulet rôti aux épices.*

PRÉPARATION 15 MINUTES • CUISSON 4 MINUTES • REPOS 15 MINUTES • POUR 8 NANS

# LA RECETTE DU NAN

**500 g de farine type 55 ou 65**
**1 œuf**
**50 g d'huile de tournesol**
**150 g d'eau froide**
**1 c. à c. de sel**
**1 yaourt nature**
**1 bonne pincée de levure fraîche de boulanger**

**PÂTE**
Mettre la farine dans un saladier, creuser un puits au centre et y ajouter tous les ingrédients. Mélanger à la main ; il s'agit d'obtenir une pâte homogène tout en la travaillant le moins possible. Recouvrir le saladier d'un film alimentaire et laisser reposer 15 minutes au frais.

**FAÇONNAGE**
Préchauffer le four à 280 °C. Sortir la pâte du réfrigérateur. Fariner légèrement le plan de travail.

Prélever une boule de pâte (environ 110 g) et l'étaler au rouleau à pâtisserie de manière à obtenir un cercle de 18 cm de diamètre et 2 mm d'épaisseur. Ôter l'excédent de farine au pinceau. Réaliser ainsi les 8 nans.

**CUISSON**
Disposer les nans sur une plaque de cuisson recouverte de papier sulfurisé et faire cuire au four environ 4 minutes, jusqu'à coloration. Conserver les nans au chaud dans un torchon.

PRÉPARATION 15 MINUTES • REPOS 15 MINUTES • CUISSON 4 MINUTES • POUR 8 NANS

# NAN AROMATISÉ (AIL, SÉSAME, OLIVES)

**PÂTE À NANS**
**500 g de farine type 55 ou 65**
**1 œuf**
**50 g d'huile**
**150 g d'eau froide**
**1 c. à c. de sel**
**1 yaourt nature**
**1 bonne pincée de levure fraîche de boulanger**

**NAN À L'AIL**
**32 gousses d'ail hachées (4 gousses d'ail par nan)**

**NAN AU SÉSAME**
**10 g de graines de sésame torréfiées**
**20 g de graines de pavot**

**NAN AUX OLIVES**
**20 feuilles de basilic émincées**
**40 olives noires dénoyautées coupées en petits morceaux**

Façonner les nans comme indiqué page 8.

Préchauffer le four à 280 °C. Parsemer la garniture choisie sur les nans. Aplatir légèrement avec la paume de la main.

Disposer les nans sur une plaque de cuisson recouverte de papier sulfurisé et cuire environ 4 minutes, jusqu'à coloration. Conserver les nans au chaud dans un torchon.

PRÉPARATION 25 MINUTES • REPOS 25 MINUTES • CUISSON 4 MINUTES • POUR 8 NANS

# NAN AU FROMAGE

**PÂTE À NANS**

**500 g de farine type 55 ou 65**
**1 œuf**
**50 g d'huile**
**150 g d'eau froide**
**1 c. à c. de sel**
**1 yaourt nature**
**1 bonne pincée de levure fraîche de boulanger**

**FARCE**

**16 triangles de Vache qui Rit© (soit 2 triangles par nan)**

**PÂTE À NANS**

Réaliser la pâte à nans (voir p. 10) et la laisser reposer 15 minutes.

**FAÇONNAGE**

Former 8 boules de fromage en malaxant les portions de Vache qui Rit© deux par deux. Préchauffer le four à 280 °C. Fariner le plan de travail.

Fractionner la pâte à nans en 8, former des boules d'environ 110 g et les étaler avec les doigts sur un diamètre de 5 cm. Placer les boules de fromage au milieu des disques de pâte et rabattre la pâte de manière à former des aumônières. La pâte doit être bien soudée. Retourner les aumônières et les rouler sous la paume de la main. Laisser reposer 10 minutes à température ambiante.

Vérifier que le plan de travail est toujours fariné. Étaler chaque boule avec les doigts en exerçant une pression délicate : attention à ne pas faire couler le fromage. Terminer d'étaler la pâte au rouleau sur un diamètre de 18 cm et une épaisseur de 2 mm. Enlever l'excédent de farine au pinceau.

**CUISSON**

Disposer les nans sur une plaque de cuisson recouverte de papier sulfurisé et enfourner pour 4 minutes. Conserver les nans au chaud dans un torchon.

PRÉPARATION 25 MINUTES • REPOS 25 MINUTES • CUISSON 4 MINUTES • POUR 8 NANS

# NAN AU CHÈVRE

**PÂTE À NANS**
**500 g de farine type 55 ou 65**
**1 œuf**
**50 g d'huile**
**150 g d'eau froide**
**1 c. à c. de sel**
**1 yaourt nature**
**1 bonne pincée de levure fraîche de boulanger**

**FARCE**
**40 g de chèvre frais**

**PÂTE À NANS**
Réaliser la pâte à nans (voir p. 10) et la laisser reposer 15 minutes.

**FAÇONNAGE**
Préchauffer le four à 280 °C. Fariner le plan de travail. Fractionner la pâte à nans en 8, former des boules d'environ 110 g et les étaler avec les doigts sur un diamètre de 5 cm. Placer des cuillerées à café (environ 5 g) de chèvre au milieu des disques de pâte et rabattre la pâte de manière à former des aumônières. La pâte doit être bien soudée. Retourner les aumônières et les rouler sous la paume de la main. Laisser reposer 10 minutes à température ambiante.

Vérifier que le plan de travail est toujours fariné. Étaler chaque boule avec les doigts en exerçant une pression délicate : attention à ne pas faire couler le fromage. Terminer d'étaler la pâte au rouleau sur un diamètre de 18 cm et une épaisseur de 2 mm. Enlever l'excédent de farine au pinceau.

**CUISSON**
Disposer les nans sur une plaque de cuisson recouverte de papier sulfurisé et enfourner pour 4 minutes. Conserver les nans au chaud dans un torchon.

PRÉPARATION 20 MINUTES • REPOS 25 MINUTES • CUISSON 30 MINUTES (LÉGUMES) + 4 MINUTES (NANS) • POUR 8 NANS

# NAN AUX LÉGUMES

**PÂTE À NANS**
**500 g de farine type 55 ou 65**
**1 œuf**
**50 g d'huile**
**150 g d'eau froide**
**1 c. à c. de sel**
**1 yaourt nature**
**1 bonne pincée de levure fraîche de boulanger**

**FARCE**
**400 g de pommes de terre**
**100 g de petits pois**
**1 carotte**
**20 g de poudre massala**
**10 branches de coriandre**
**1 filet d'huile végétale**
**Sel, poivre**

**PÂTE À NANS**

Réaliser la pâte à nans (voir p. 10) et la laisser reposer 15 minutes.

**FARCE**

Faire cuire les pommes de terre épluchées dans une casserole d'eau bouillante salée pendant 20 minutes. Faire blanchir les petits pois pendant 5 minutes dans une casserole d'eau bouillante salée. Rafraîchir les petits pois à l'eau froide. Couper les pommes de terre et les carottes en brunoise et ciseler les feuilles de coriandre.

Faire revenir la poudre massala dans l'huile chaude 3 minutes. Ajouter les carottes et 150 g d'eau. Laisser cuire 5 minutes. Ajouter les pommes de terre, bien mélanger, puis ajouter les petits pois et les feuilles de coriandre. Assaisonner. Une fois la farce colorée, la laisser refroidir. Confectionner des boulettes d'environ 40 g.

**FAÇONNAGE**

Préchauffer le four à 280 °C. Fariner le plan de travail. Fractionner la pâte à nans en 8, former des boules d'environ 110 g et les étaler avec les doigts sur un diamètre de 5 cm. Placer les boulettes de farce au milieu des disques de pâte et rabattre la pâte de manière à former des aumônières. La pâte doit être bien soudée. Retourner les aumônières et les rouler sous la paume de la main. Laisser reposer 10 minutes à température ambiante.

Vérifier que le plan de travail est toujours fariné. Étaler chaque boule avec les doigts en exerçant une pression délicate. Terminer d'étaler la pâte au rouleau sur un diamètre de 18 cm et une épaisseur de 2 mm. Enlever l'excédent de farine au pinceau.

**CUISSON**

Disposer les nans sur une plaque de cuisson recouverte de papier sulfurisé et enfourner pour 4 minutes. Conserver les nans au chaud dans un torchon.

PRÉPARATION 20 MINUTES • REPOS 25 MINUTES • CUISSON 5 MINUTES • POUR 8 NANS

# NAN À LA VIANDE

**PÂTE À NANS**
**500 g de farine type 55 ou 65**
**1 œuf**
**50 g d'huile**
**150 g d'eau froide**
**1 c. à c. de sel**
**1 yaourt nature**
**1 bonne pincée de levure fraîche de boulanger**

**FARCE**
**400 g de bœuf haché**
**15 feuilles de basilic**
**1 c. à c. de graines de cumin**
**1 c. à c. de coriandre moulue**
**2 c. à c. de poudre tandoori**
**Sel, poivre**

**PÂTE À NANS**
Réaliser la pâte à nans (voir p. 10) et la laisser reposer 15 minutes.

**FARCE**
Ciseler le basilic puis mélanger tous les ingrédients à l'aide d'une fourchette. Façonner des boulettes d'environ 40 g.

**FAÇONNAGE**
Préchauffer le four à 280 °C. Fariner le plan de travail. Fractionner la pâte à nans en 8, former des boules d'environ 110 g et les étaler avec les doigts sur un diamètre de 5 cm. Placer les boulettes de viande au milieu des disques de pâte et rabattre la pâte de manière à former des aumônières. La pâte doit être bien soudée. Retourner les aumônières et les rouler sous la paume de la main. Laisser reposer 10 minutes à température ambiante.

Vérifier que le plan de travail est toujours fariné. Étaler chaque boule avec les doigts en exerçant une pression délicate. Terminer d'étaler la pâte au rouleau sur un diamètre de 18 cm et une épaisseur de 2 mm. Enlever l'excédent de farine au pinceau.

**CUISSON**
Disposer les nans sur une plaque de cuisson recouverte de papier sulfurisé et enfourner pour 5 minutes.
Conserver les nans au chaud dans un torchon.

PRÉPARATION 20 MINUTES • REPOS 25 MINUTES • CUISSON 5 MINUTES • POUR 8 NANS

# NAN AU POULET

### PÂTE À NANS

**500 g de farine type 55 ou 65**
**1 œuf**
**50 g d'huile**
**150 g d'eau froide**
**1 c. à c. de sel**
**1 yaourt nature**
**1 bonne pincée de levure fraîche de boulanger**

### FARCE

**400 g de blanc de poulet haché par le boucher (ou émincé très finement)**
**10 branches de coriandre**
**1 c. à c. de graines de cumin**
**2 c. à c. de poudre tandoori**
**Sel, poivre**

### PÂTE À NANS

Réaliser la pâte à nans (voir p. 10) et la laisser reposer 15 minutes.

### FARCE

Ciseler les feuilles de coriandre puis mélanger tous les ingrédients à l'aide d'une fourchette. Faire des boulettes d'environ 40 g.

### FAÇONNAGE

Préchauffer le four à 280 °C. Fariner le plan de travail. Fractionner la pâte à nans en 8, former des boules d'environ 110 g et les étaler avec les doigts sur un diamètre de 5 cm. Placer les boulettes de poulet au milieu des disques de pâte et rabattre la pâte de manière à former des aumônières. La pâte doit être bien soudée. Retourner les aumônières et les rouler sous la paume de la main. Laisser reposer 10 minutes à température ambiante.

Vérifier que le plan de travail est toujours fariné. Étaler chaque boule avec les doigts en exerçant une pression délicate. Terminer d'étaler la pâte au rouleau sur un diamètre de 18 cm et une épaisseur de 2 mm. Enlever l'excédent de farine au pinceau.

### CUISSON

Disposer les nans sur une plaque de cuisson recouverte de papier sulfurisé et enfourner pour 5 minutes.
Conserver les nans au chaud dans un torchon.

PRÉPARATION 20 MINUTES • REPOS 25 MINUTES • CUISSON 5 MINUTES • POUR 8 NANS

# NAN AU SAUMON

**PÂTE À NANS**
**500 g de farine type 55 ou 65**
**1 œuf**
**50 g d'huile**
**150 g d'eau froide**
**1 c. à c. de sel**
**1 yaourt nature**
**1 bonne pincée de levure fraîche de boulanger**

**FARCE**
**400 g de saumon en pavé (sans la peau)**
**5 brins d'aneth**
**3 c. à c. de poudre tandoori**
**Sel, poivre**

**PÂTE À NANS**

Réaliser la pâte à nans (voir p. 10) et la laisser reposer 15 minutes.

**FARCE**

Retirer les arêtes et hacher le saumon au couteau. Ajouter l'aneth ciselée, la poudre tandoori, du sel et du poivre. À l'aide d'une fourchette, mélanger le tout et faire des boulettes d'environ 40 g.

**FAÇONNAGE**

Préchauffer le four à 280 °C. Fariner le plan de travail. Fractionner la pâte à nans en 8, former des boules d'environ 110 g et les étaler avec les doigts sur un diamètre de 5 cm. Placer les boulettes de saumon au milieu des disques de pâte et rabattre la pâte de manière à former des aumônières. La pâte doit être bien soudée. Retourner les aumônières et les rouler sous la paume de la main. Laisser reposer 10 minutes à température ambiante.

Vérifier que le plan de travail est toujours fariné. Étaler chaque boule avec les doigts en exerçant une pression délicate. Terminer d'étaler la pâte au rouleau sur un diamètre de 18 cm et une épaisseur de 2 mm. Enlever l'excédent de farine au pinceau.

**CUISSON**

Disposer les nans sur une plaque de cuisson recouverte de papier sulfurisé et enfourner pour 5 minutes.
Conserver les nans au chaud dans un torchon.

PRÉPARATION 1 HEURE • REPOS 15 MINUTES • CUISSON 25 MINUTES • POUR 8 CHAUSSONS

# SANDWICH NAN

**PÂTE À NANS**
**500 g de farine type 55 ou 65**
**1 œuf**
**50 g d'huile**
**150 g d'eau froide**
**1 c. à c. de sel**
**1 yaourt nature**
**1 bonne pincée de levure fraîche de boulanger**

**GARNITURE**
**800 g de blanc de poulet**
**1 carotte**
**1 courgette**
**280 g de crème liquide**
**2 c. à c. de poudre massala**
**1 filet d'huile d'olive**
**Sel, poivre**

**PÂTE À NANS**
Réaliser la pâte à nans (voir p. 10) et la laisser reposer 15 minutes.

**FARCE**
Couper la carotte et la courgette en petits dés. Émincer les blancs de poulet. Faire revenir la poudre massala 3 minutes dans l'huile chaude. Ajouter la crème et le poulet et laisser mijoter à feu doux 5 minutes.Incorporer la brunoise de légumes, bien remuer, assaisonner et laisser mijoter 10 minutes. Laisser refroidir.

**FAÇONNAGE**
Préchauffer le four à 280 °C. Fariner le plan de travail. Fractionner la pâte à nans en 8, former des boules d'environ 110 g et les étaler au rouleau à pâtisserie, sur un diamètre de 18 cm et une épaisseur de 3 mm. Enlever l'excédent de farine au pinceau.

Disposer la farce refroidie au centre des disques de pâte, en l'étalant dans le sens de la longueur. À l'aide d'un pinceau, badigeonner d'eau le contour de la pâte, puis replier la pâte sur la farce de manière à former des chaussons.

**CUISSON**
Disposer les chaussons sur une plaque de cuisson recouverte de papier sulfurisé et enfourner pour 7 minutes.

plat

PRÉPARATION 15 MINUTES • REPOS 15 MINUTES • CUISSON 4 MINUTES • POUR 8 NANS

# NAN AU SUCRE

**500 g de farine type 55 ou 65**
**1 œuf**
**50 g d'huile**
**150 g d'eau froide**
**1 c. à c. de sel**
**1 yaourt nature**
**1 bonne pincée de levure fraîche de boulanger**
**Cassonade**

**PÂTE À NANS**
Réaliser la pâte à nans (voir p. 10) et la laisser reposer 15 minutes.

**FAÇONNAGE**
Préchauffer le four à 280 °C. Fariner le plan de travail. Fractionner la pâte à nans en 8, former des boules d'environ 110 g et les étaler au rouleau à pâtisserie, sur un diamètre de 18 cm et une épaisseur de 2 mm. Enlever l'excédent de farine au pinceau.

**CUISSON**
Disposer les nans sur une plaque de cuisson recouverte de papier sulfurisé. Les saupoudrer de cassonade avant de faire cuire 4 minutes, jusqu'à ce que le sucre caramélise. Conserver les nans au chaud dans un torchon.

PRÉPARATION 55 MINUTES • REPOS 15 MINUTES • CUISSON 4 MINUTES • POUR 8 NANS

# NAN CHOCO-NOISETTES

**500 g de farine type 55 ou 65**
**1 œuf**
**50 g d'huile**
**150 g d'eau froide**
**1 c. à c. de sel**
**1 yaourt nature**
**1 bonne pincée de levure fraîche de boulanger**
**8 grosses c. à s. de pâte à tartiner biologique**

**PÂTE À NANS**
Réaliser la pâte à nans (voir p. 10) et la laisser reposer 15 minutes. Placer le pot de pâte à tartiner au réfrigérateur.

**FAÇONNAGE**
Préchauffer le four à 280 °C. Fariner le plan de travail. Fractionner la pâte à nans en 8, former des boules d'environ 110 g et les étaler avec les doigts sur un diamètre de 5 cm. Placer 1 grosse cuillerée à soupe de pâte à tartiner froide au milieu de chaque disque de pâte et rabattre la pâte de manière à former des aumônières. La pâte doit être bien soudée. Retourner les aumônières et les rouler sous la paume de la main. Laisser reposer 10 minutes à température ambiante.

Vérifier que le plan de travail est toujours fariné. Étaler chaque boule avec les doigts en exerçant une pression délicate : attention à ne pas faire couler la pâte à tartiner. Terminer d'étaler la pâte au rouleau sur un diamètre de 18 cm et une épaisseur de 2 mm. Enlever l'excédent de farine au pinceau.

**CUISSON**
Disposer les nans sur une plaque de cuisson recouverte de papier sulfurisé et enfourner pour 4 minutes. Conserver les nans au chaud dans un torchon.

**Nan tartine**
*Réaliser des nans nature et, à la sortie du four, les tartiner de de miel, de crème de marrons, de confiture ou de la pâte à tartiner de son choix. À déguster tout chaud au petit déjeuner ou en dessert !*

PRÉPARATION 40 MINUTES • REPOS 1 H (FRANGIPANE) + 35 MINUTES (PÂTE) • CUISSON 5 MINUTES • POUR 8 NANS

# NAN FRANGIPANE

**PÂTE À NANS**
**500 g de farine type 55 ou 65**
**1 œuf**
**50 g d'huile**
**150 g d'eau froide**
**1 c. à c. de sel**
**1 yaourt nature**
**1 bonne pincée de levure fraîche de boulanger**

**FRANGIPANE**
**125 g de beurre, à température ambiante**
**125 g de sucre**
**125 g de poudre d'amandes**
**1 pincée de cardamome moulue**
**1 œuf**

**PÂTE À NANS**
Réaliser la pâte à nans (voir p. 10) et la laisser reposer 15 minutes.

**FRANGIPANE**
Placer le beurre bien ramolli dans un bol et y ajouter le sucre. Bien fouetter le tout. Verser ensuite la poudre d'amandes et mélanger. Ajouter l'œuf et continuer à fouetter la crème.

Ajouter pour finir une pincée de poudre de cardamome et réserver au frais pendant 1 heure. Au bout de ce temps, façonner des boulettes de frangipane d'environ 40 g.

**FAÇONNAGE**
Préchauffer le four à 280 °C. Fariner le plan de travail. Fractionner la pâte à nans en 8, former des boules d'environ 110 g et les étaler avec les doigts sur un diamètre de 5 cm. Placer les boules de frangipane au milieu des disques de pâte et rabattre la pâte de manière à former des aumônières. La pâte doit être bien soudée. Retourner les aumônières et les rouler sous la paume de la main. Laisser reposer 10 minutes à température ambiante.

Vérifier que le plan de travail est toujours fariné. Étaler chaque boule avec les doigts en exerçant une pression délicate : attention à ne pas faire couler la frangipane ! Terminer d'étaler la pâte au rouleau sur un diamètre de 18 cm et une épaisseur de 2 mm, en appuyant légèrement. Enlever l'excédent de farine au pinceau.

**CUISSON**
Disposer les nans sur une plaque de cuisson recouverte de papier sulfurisé et enfourner pour 5 minutes. Conserver les nans au chaud dans un torchon.

PRÉPARATION 10 MINUTES • CUISSON 3 MINUTES • POUR 8 CHAPATIS

# CHAPATI

**500 g de farine (type 165)**
**260 g d'eau froide**
**10 g de sel**
**60 g d'huile végétale**

Mettre la farine dans un saladier, creuser un puits au centre et y placer l'eau, l'huile et le sel. Mélanger le tout avec la main afin d'obtenir une pâte homogène, tout en la travaillant le moins possible.

Fractionner la pâte pour faire des boules d'environ 110 g et les disposer sur le plan de travail fariné. Abaisser les boules de pâte au rouleau à pâtisserie sur un diamètre de 20 cm. Enlever l'excédent de farine à l'aide d'un pinceau.

Préchauffer le four à 280 °C. Disposer les chapatis sur une plaque de cuisson recouverte de papier sulfurisé et faire cuire 4 minutes.

**Remarque**
*Le chapati est une autre variété de pain traditionnel élaboré sans levain et à base de farine complète.*

PRÉPARATION 20 MINUTES • POUR 4 PERSONNES

# RAITA

**½ concombre**
**½ carotte moyenne**
**3 yaourts**
**1 c. à c. de graines de cumin**
**10 feuilles de menthe**
**5 branches de coriandre**
**Sel, poivre**

Laver les légumes et les herbes. Éplucher le concombre, le râper finement (si possible à la mandoline) et l'essorer en le pressant doucement avec la main. Râper la carotte. Ciseler finement les herbes.

Mélanger le concombre essoré, la carotte râpée et le yaourt. Ajouter les graines de cumin et les herbes, puis assaisonner. Garder au frais jusqu'au moment de servir.

PRÉPARATION 40 MINUTES • CUISSON 45 MINUTES • POUR 4 PERSONNES

# SAMOUSSA AUX LÉGUMES

**4 crêpes de blé rondes (épicerie asiatique)**
**Huile de friture**
**200 g de pommes de terre**
**50 g de petits pois**
**½ carotte**
**10 g de poudre massala**
**8 branches de coriandre**
**Un filet d'huile végétale**
**Sel, poivre**

Faire cuire les pommes de terre 20 minutes et les petits pois 10 minutes dans de l'eau bouillante salée. Dans une sauteuse, faire revenir la poudre massala 3 minutes dans l'huile chaude. Ajouter la carotte coupée en petits dés et 75 g d'eau, laisser cuire 5 minutes. Ajouter les pommes de terre hachées, mélanger puis ajouter les petits pois et la coriandre ciselée. Saler, poivrer. Une fois la farce colorée, la laisser refroidir.

Couper les crêpes de blé en deux et rabattre la partie arrondie afin d'obtenir une bande. Déposer une cuillerée de farce à une extrémité et rabattre le tout de façon à former un triangle. Plier le samoussa doucement en triangles successifs, en tassant la farce à chaque pliage. Lorsqu'il ne reste qu'un petit pan de crêpe, le replier à l'intérieur du triangle.

Faire cuire les samoussas dans une casserole d'huile chaude (ou une friteuse) à 180 °C/200 °C environ 8 minutes.

PRÉPARATION 20 MINUTES • CUISSON 25 MINUTES • POUR 4 PERSONNES

# ROLL AU BŒUF

**4 crêpes de blé rondes (épicerie asiatique)**
**2 œufs**
**Chapelure**
**400 g de bœuf haché**
**2 c. à c. de poudre tandoori**
**1 c. à c. de coriandre moulue**
**1 c. à c. de graines de cumin**
**15 branches de coriandre**
**Un filet d'huile végétale**
**2 œufs**
**Huile de friture, sel, poivre**

Dans une casserole, faire revenir 5 minutes toutes les épices dans l'huile chaude. Ajouter le bœuf et laisser cuire 10 minutes, en remuant de temps en temps. Assaisonner et ajouter les feuilles de coriandre ciselées. Laisser refroidir.

Déposer de la farce en bande en bas d'une crêpe. Rabattre les extrémités droite et gauche sur la farce, puis enrouler la farce dans la crêpe jusqu'à obtenir un rouleau bien serré. Passer les rolls dans les œufs battus puis dans la chapelure, Les faire cuire 10 minutes dans une casserole d'huile chaude (ou une friteuse) à 180 °C/200 °C.

PRÉPARATION 20 MINUTES • REPOS 1 HEURE MINIMUM • CUISSON 45 MINUTES • POUR 4 PERSONNES

# POULET TANDOORI

**8 pilons de poulet**
**40 g de poudre tandoori**
**100 g d'huile de tournesol**

**SAUCE TANDOORI**
**250 g de fromage blanc (30 % MG)**
**80 g de pâte tandoori**
**3 c. à c. de poudre tandoori**
**1 c. à c. de gingembre moulu**
**1 gousse d'ail écrasée**
**1 c. à c. de coriandre moulue**
**Sel, poivre**

Retirer la peau sur les pilons de poulet. À l'aide d'un couteau pointu, faire 3 incisions (au centre, à gauche et à droite).

Réaliser la sauce tandoori (voir p. 8), réserver.

Mettre les pilons dans un bol, verser l'huile, ajouter la poudre tandoori et mélanger.

Rajouter la sauce tandoori. Bien mélanger avec les mains : le poulet doit s'imprégner de la sauce. Laisser reposer 1 nuit au réfrigérateur ou, à défaut, 1 heure avant la cuisson.

Préchauffer le four à 220 °C. Disposer les pilons de poulet sur une plaque à rôtir et faire cuire 45 minutes.

En entrée, servir avec la raita et un nan nature, en plat, avec du riz et du dahl.

PRÉPARATION 15 MINUTES • REPOS 1 HEURE MINIMUM • CUISSON 7 MINUTES • POUR 4 PERSONNES

# SAUMON TANDOORI À L'ANETH

**4 pavés de saumon sans arêtes**
**5 brins d'aneth**

**SAUCE TANDOORI**
**250 g de fromage blanc (30 % MG)**
**80 g de pâte tandoori**
**3 c. à c. de poudre tandoori**
**1 c. à c. de gingembre moulu**
**1 gousse d'ail écrasée**
**1 c. à c. de coriandre moulue**
**Sel, poivre**

Réaliser la sauce tandoori (voir page 8).

Laver et ciseler l'aneth.

Mettre l'aneth et la sauce tandoori dans un bol et ajouter les pavés de saumon. Bien mélanger avec les mains : les pavés doivent s'imprégner de la sauce.

Laisser mariner 1 nuit au réfrigérateur ou, à défaut, 1 heure avant la cuisson.

Préchauffer le four à 220 °C. Disposer les pavés de saumon marinés sur une plaque de cuisson et laisser griller 7 à 9 minutes. Servir avec des légumes verts.

PRÉPARATION 30 MINUTES • CUISSON 1 HEURE 10 • POUR 4 PERSONNES

# POULET RÔTI AUX ÉPICES

**1 poulet fermier entier (environ 1,5 kg)**
**1 c. à c. d'épices tandoori**
**1 c. à c. de coriandre moulue**
**½ c. à c. de gingembre moulu**
**Sel, poivre**

**SAUCE TANDOORI**

**250 g de fromage blanc (30 % MG)**
**80 g de pâte tandoori**
**3 c. à c. de poudre tandoori**
**1 c. à c. de gingembre moulu**
**1 gousse d'ail écrasée**
**1 c. à c. de coriandre moulue**
**Sel, poivre**

Préchauffer le four à 230 °C. Réaliser la sauce tandoori (voir page 8).

Mettre le gingembre, le tandoori, la coriandre, le sel et le poivre dans un bol et bien mélanger.

Disposer le poulet sur un plat à rôtir et le farcir du mélange d'épices. Bien retourner le poulet pour que les épices restent à l'intérieur. À l'aide d'un pinceau, badigeonner le poulet de la sauce tandoori.

Mettre la plaque au four et laisser rôtir le poulet 1 heure 10 en l'arrosant de sauce toutes les 20 minutes.

**Servir avec :**
*Un gratin de pommes de terre !*

PRÉPARATION 50 MINUTES • CUISSON 15 MINUTES • POUR 4 PERSONNES

# POULET MASSALA

**700 g de blanc de poulet**
**20 g de poudre tandoori**
**20 branches de coriandre**
**1 filet d'huile**
**Piment (facultatif)**
**Sel, poivre**

**BASE DE CURRY**
**130 g d'oignons frits (oignons frits séchés, en supermarché)**
**3 gousses d'ail écrasée**
**1 c. à c. de graines de cumin**
**1 c. à c. de gingembre moulu**
**1 c. à c. de poudre tandoori**
**1 c. à c. de coriandre moulue**
**1 c. à c. de poudre massala**
**250 g de tomates concassées en conserve**
**1 filet d'huile végétale**
**1 l d'eau**
**7 g de sel**

Réaliser la base de curry (voir page 8).
Ciseler les feuilles de coriandre.

Couper le blanc de poulet en aiguillettes et le mettre dans un bol. Ajouter la poudre tandoori et bien mélanger.

Faire revenir le poulet dans une sauteuse avec un filet d'huile puis ajouter la base de curry et laisser mijoter à petit feu 15 minutes. Assaisonner et rajouter un piment coupé en deux si l'on aime. En fin de cuisson, ajouter la coriandre. Servir chaud.

**Servir avec :**
*Un nan (nature ou au fromage) et de caviar d'aubergines.*

PRÉPARATION 50 MINUTES • CUISSON 15 MINUTES • POUR 4 PERSONNES

# POULET CURRY AU LAIT DE COCO

**700 g de blanc de poulet**
**40 cl de lait de coco**
**80 g de noix de cajou**
**1 filet d'huile végétale**
**Piment (facultatif)**
**Sel, poivre**

**BASE DE CURRY**

**130 g d'oignons frits (oignons frits séchés, en supermarché)**
**3 gousses d'ail écrasée**
**1 c. à c. de graines de cumin**
**1 c. à c. de gingembre moulu**
**1 c. à c. de poudre tandoori**
**1 c. à c. de coriandre moulue**
**1 c. à c. de poudre massala (avec ou sans piment)**
**250 g de tomates concassées en conserve**
**1 filet d'huile végétale**
**1 l d'eau**
**7 g de sel**

Couper le blanc de poulet en aiguillettes et le mettre dans un bol.

Réaliser la base de curry (voir page 8).

Préchauffer une casserole avec un filet d'huile et faire revenir les noix de cajou jusqu'à coloration. Ajouter la base de curry et le lait de coco puis porter à ébullition.

Ajouter ensuite les aiguillettes de poulet et laisser mijoter à feu doux environ 15 minutes. Assaisonner et rajouter, éventuellement, un piment coupé en deux.

**Servir avec :**
*Du riz basmati et du dhal.*

PRÉPARATION 50 MINUTES • CUISSON 8 À 10 MINUTES • POUR 4 PERSONNES

# POISSON AU CURRY

**520 g de dos de cabillaud désarêté (ou flétan)**
**150 g de crème liquide**
**10 branches d'aneth**
**Piment (facultatif)**
**Sel, poivre**

**BASE DE CURRY**

**130 g d'oignons frits (oignons frits séchés, en supermarché)**
**3 gousses d'ail écrasées**
**1 c. à c. de graines de cumin**
**1 c. à c. de gingembre moulu**
**1 c. à c. de poudre tandoori**
**1 c. à c. de coriandre moulue**
**1 c. à c. de poudre massala**
**250 g de tomates concassées en conserve**
**1 filet d'huile végétale**
**1 l d'eau**
**7 g de sel**

Réaliser la base de curry (voir page 8). Couper le poisson en gros morceaux.

Mettre dans une casserole la base de curry et la crème liquide, porter le tout à ébullition puis baisser le feu.

Ajouter les morceaux de poisson et laisser mijoter à petit feu pendant 8 à 10 minutes. Assaisonner (ajouter un piment coupé en deux si l'on aime), ajouter l'aneth ciselé et servir chaud.

**Servir avec :**
*Du riz basmati ou des chapati et des épinards au fromage.*

PRÉPARATION 50 MINUTES • CUISSON 10 MINUTES • POUR 4 PERSONNES

# BŒUF MADRAS

**150 g de bœuf haché**
**2 c. à c. de poudre tandoori**
**1 c. à c. de graines de cumin**
**1 c. à c. de coriandre moulue**
**15 branches de coriandre**
**Piment (facultatif)**
**Sel, poivre**

**BASE DE CURRY**
**130 g d'oignons frits (oignons frits séchés, en supermarché)**
**3 gousses d'ail écrasées**
**1 c. à c. de graines de cumin**
**1 c. à c. de gingembre moulu**
**1 c. à c. de poudre tandoori**
**1 c. à c. de coriandre moulue**
**1 c. à c. de poudre massala**
**250 g de tomates concassées en conserve**
**1 filet d'huile végétale**
**1 l d'eau**
**7 grammes de sel**

Réaliser la base de curry (voir page 8).

Dans un bol, mettre le bœuf haché, toutes les épices ainsi que les feuilles de coriandre ciselées. Bien malaxer le tout et faire des boulettes.

Dans une casserole, porter à ébullition la base de curry puis baisser le feu. Ajouter les boulettes de bœuf et laisser mijoter à feu doux 10 minutes. Assaisonner et rajouter un piment coupé en deux si l'on aime.

**Servir avec :**
*Du riz basmati et du caviar d'aubergines (voir page 60).*

PRÉPARATION 15 MINUTES • CUISSON 10 MINUTES • POUR 4 À 6 PERSONNES

# RIZ BASMATI AUX ÉPICES

**240 g de riz basmati**
**2 g de graines de cumin**
**3 capsules de cardamome**
**2 clous de girofle**
**½ bâton de cannelle**
**1 filet d'huile végétale**
**5 g de sel**

Laver le riz et le mettre à tremper 10 minutes.

Pendant ce temps, dans une casserole, faire revenir dans l'huile toutes les épices, ajouter 450 g d'eau et saler. Couvrir et porter à ébullition.

Bien égoutter le riz.

Une fois que l'eau a bouilli, rajouter le riz, bien mélanger et couvrir à nouveau. Cuire à feu très doux pendant 10 minutes. Hors du feu, égrainer le riz à l'aide d'une fourchette.

**La tradition du riz**
*La préparation du riz basmati est vraiment particulière. Cette méthode donne un riz très parfumé et bien égrainé.*

PRÉPARATION 40 MINUTES • REPOS 20 MINUTES • CUISSON 1 H 20 • POUR 4 PERSONNES

# DAHL

**250 g de lentilles jaunes (ou de « chana dahl » dans les boutiques indiennes)**
**1 c. à c. de graines de cumin**
**20 branches de coriandre**
**Sel, poivre**

**BASE DE CURRY**
**130 g d'oignons frits (oignons frits séchés, en supermarché)**
**3 gousses d'ail écrasées**
**1 c. à c. de graines de cumin**
**1 c. à c. de gingembre moulu**
**1 c. à c. de poudre tandoori**
**1 c. à c. de coriandre moulue**
**1 c. à c. de poudre massala**
**250 g de tomates concassées en conserve**
**1 filet d'huile végétale**
**1 l d'eau**
**7 g de sel**

Mettre les lentilles à tremper 20 minutes. Les laver puis les égoutter. Faire chauffer une casserole avec 1,5 l d'eau et cuire les lentilles 1 heure à feu normal. (Pendant la cuisson, écumer bien les impuretés qui remontent à la surface.)

Réaliser la base de curry (voir p. 8).

Pour être sûr de la cuisson des lentilles, en prendre une et vérifier qu'elle s'écrase entre les doigts. Une fois cuites, les égoutter.

Faire chauffer un filet d'huile dans une casserole pour y faire revenir les graines de cumin. Ajouter la base de curry et porter le tout à ébullition.

Une fois à ébullition, réduire le feu et verser les lentilles. Laisser mijoter 10 minutes. En fin de cuisson, saler, poivrer et ajouter les feuilles de coriandre ciselées.

PRÉPARATION 40 MINUTES • CUISSON 45 MINUTES • POUR 4 PERSONNES

# CAVIAR D'AUBERGINES

**4 aubergines**
**1 filet d'huile d'olive**
**20 g de branches de coriandre**
**Sel, poivre**

**BASE DE CURRY**
**130 g d'oignons frits (oignons frits séchés, en supermarché)**
**3 gousses d'ail écrasées**
**1 c. à c. de graines de cumin**
**1 c. à c. de gingembre moulu**
**1 c. à c. de poudre tandoori**
**1 c. à c. de coriandre moulue**
**1 c. à c. de poudre massala**
**250 g de tomates concassées en conserve**
**1 filet d'huile végétale**
**1 l d'eau**
**7 g de sel**

Préchauffer le four à 220 °C. Réaliser la base de curry (voir page 8).

Couper les aubergines en deux, dans le sens de la longueur et faire des incisions dans la chair. Placer les aubergines (côté chair) sur une plaque de cuisson préalablement huilée. Faire cuire 30 minutes.

Sortir la plaque du four, récupérer la chair des aubergines grillées à l'aide d'une cuillère. Hacher la chair avec un couteau.

Dans une casserole, faire chauffer la base de curry jusqu'à ébullition. Une fois à ébullition, réduire le feu, ajouter les aubergines et laisser mijoter 10 minutes. En fin de cuisson, saler, poivrer et rajouter les feuilles de coriandre ciselées.

PRÉPARATION 40 MINUTES • CUISSON 15 MINUTES • POUR 4 PERSONNES

# ÉPINARDS À LA CRÈME DE CURRY

**800 g d'épinards en branche**
**150 g de crème liquide**
**1 filet d'huile d'olive**
**Sel, poivre**

**BASE DE CURRY**

**130 g d'oignons frits (oignons frits séchés, en supermarché)**
**3 gousses d'ail écrasées**
**1 c. à c. de graines de cumin**
**1 c. à c. de gingembre moulu**
**1 c. à c. de poudre tandoori**
**1 c. à c. de coriandre moulue**
**1 c. à c. de poudre massala**
**250 g de tomates concassées en conserve**
**1 filet d'huile végétale**
**1 l d'eau**
**7 g de sel**

Réaliser la base de curry (voir page 8).

Laver les épinards et bien les égoutter. Les faire revenir dans l'huile d'olive pendant quelques secondes et bien les égoutter à nouveau.

Dans une casserole, porter à ébullition la base de curry. Ajouter la crème liquide et mélanger au fouet afin d'obtenir une texture homogène.

Ajouter ensuite les feuilles d'épinards et bien mélanger. Éteindre le feu avant de saler et de poivrer.

PRÉPARATION 10 MINUTES

# CHUTNEY À LA MENTHE

**30 feuilles de menthe**
**2 yaourts**
**1 c. à s. d'huile d'olive**
**1 c. à c. de graines de cumin**
**Sel, poivre**
**Piment (facultatif)**

Laver les feuilles de menthe et les équeuter. Les mixer avec l'huile d'olive et les graines de cumin.

Transvaser le mélange dans un bol. Ajouter les yaourts et mélanger délicatement. Saler et poivrer. Conserver au réfrigérateur (1 jour maximum).

**Conseil :**
*Pour une sauce relevée, rajouter un piment vert dans le mixeur. Cependant, en inde, ce chutney à la menthe permet justement d'adoucir les épices et le piment des plats relevés.*

**Ce chutney accompagne traditionnellement :**
*Les samoussas, les rolls, le poulet tandoori.*

PRÉPARATION 10 MINUTES • CUISSON 5 MINUTES

# CHUTNEY AU PIMENT

**100 g de piments (rouge ou vert)**
**4 gousses d'ail**
**50 g d'huile d'olive**
**30 g de gingembre frais**
**Sel, poivre**

Équeuter les piments. Éplucher l'ail et enlever les germes. Éplucher et couper le gingembre. Mixer tous les ingrédients.

Faire cuire 5 minutes à feu vif (attention aux projections pendant la cuisson). Saler et poivrer. Conserver au réfrigérateur (jusqu'à un mois).

**Conseils :**
*Utiliser des gants jetables afin de ne pas se brûler les mains. Rajouter un peu d'huile d'olive à la fin pour améliorer la conservation.*

**Ce chutney accompagne traditionnellement :**
*Les samoussas, les rolls, le poulet massala.*

PRÉPARATION 10 MINUTES • CUISSON 20 MINUTES • POUR 4 PERSONNES

# PERLES DES INDES

**100 g de billes de tapioca**
**280 g de lait de coco**
**65 g de sucre**
**3 capsules de cardamome**
**½ bâton de cannelle**

Jeter les billes de tapioca dans 1 litre d'eau froide et faire cuire 20 minutes, en remuant fréquemment.

Pendant ce temps, verser dans une autre casserole le lait de coco, le sucre, la cardamome et la cannelle et porter le tout à ébullition. Sortir la casserole du feu et transvaser la préparation dans un bol.

Une fois les billes cuites (elles doivent être gonflées et transparentes) et les passer à la passette.

Vider ensuite les billes dans le bol avec le lait de coco et mélanger à l'aide d'un fouet. Mettre au frais avant de servir.

**Servir avec :**
*Une boule de glace aux amandes ou à la mangue.*

PRÉPARATION 20 MINUTES • REPOS 10 MINUTES • CUISSON 8 MINUTES • POUR 4 PERSONNES

# RAS MALAI

**100 g de lait en poudre**
**1 œuf**
**1 l de lait entier**
**100 g de sucre**
**1 pincée de bicarbonate de soude**
**Une gousse de vanille**
**1 c. à s. d'huile de tournesol**

Mettre la poudre de lait dans un saladier et creuser un puits. Y mettre l'œuf, l'huile, le bicarbonate et la moitié de la gousse de vanille coupée en deux et égrainée. Mélanger jusqu'à l'obtention d'une texture homogène.

Façonner des boulettes et les laisser reposer 10 minutes sur une assiette filmée à température ambiante.

Mettre le lait à bouillir dans une casserole avec le sucre et la deuxième moitié de la gousse de vanille. Ajouter délicatement les boulettes et laisser cuire à feu doux 8 minutes, en remuant de temps en temps. Une fois que les boulettes ont gonflé, éteindre le feu et laisser refroidir. Réserver au réfrigérateur et servir très frais.

PRÉPARATION 30 MINUTES • REPOS 10 MINUTES • CUISSON 15 MINUTES • POUR 4 PERSONNES

# OUNDÉ

**50 g de semoule fine de blé dur**
**10 cl de lait de coco**
**10 g de beurre**
**25 g de sucre de canne**
**25 g de noix de coco en poudre**
**½ bâton de cannelle**
**3 capsules de cardamome**

Dans une casserole, verser le lait de coco, le sucre, la cannelle, la cardamome et 15 cl d'eau. Une fois la préparation à ébullition, éteindre le feu, réserver.

Dans une autre casserole haute, faire chauffer à feu doux le beurre et la semoule. Remuer sans cesse jusqu'à coloration (sans éteindre le feu.)

Incorporer ensuite la première préparation au lait de coco dans la semoule. Bien mélanger à l'aide d'un fouet jusqu'à l'obtention d'une texture compacte. Transvaser dans un bol et laisser refroidir 10 minutes.

Égrainer la préparation refroidie à l'aide d'une fourchette et faire des boulettes. Les rouler dans la poudre de noix de coco.

PRÉPARATION 5 MINUTES • POUR 1 VERRE

# LASSI MANGUE / BANANE / ÉPICES

**MANGUE**
**½ mangue**
**1 yaourt nature**
**10 cl de lait entier**
**2 c. à s. de sucre de canne**
**5 glaçons**

**BANANE**
**1 banane**
**1 yaourt nature**
**10 cl de lait entier**
**2 c. à s. de sucre de canne**
**5 glaçons**

**ÉPICES**
**1 yaourt nature**
**3 cl de lait entier**
**1 pincée de sel OU de sucre (selon le goût)**
**1 pincée de garam massala**
**1 pincée de poivre**
**5 glaçons**

**MANGUE**
Éplucher la mangue et la couper en morceaux. Mettre les morceaux de mangue avec tout le reste des ingrédients dans un blender et mixer le tout. Servir aussitôt.

**BANANE**
Éplucher la banane et la couper en morceaux. Mettre les morceaux de banane et le reste des ingrédients dans un blender et mixer le tout. Servir aussitôt.

**ÉPICES**
Mettre tous les ingrédients dans un blender et mixer. Servir aussitôt.

PRÉPARATION 10 MINUTES • POUR 4 PERSONNES

# TCHAI

**8 sachets de thé noir**
**3 capsules de cardamome**
**1 bâton de cannelle**
**1 c. à c. de gingembre moulu**
**5 baies de poivre noir**
**5 clous de girofle**
**1 l d'eau**
**Sucre (facultatif)**

Mixer toutes les épices. (Conserver le mélange dans un bocal hermétique).

Mettre 3 cuillères à café du mélange d'épices dans une casserole avec l'eau et porter à ébullition.

Ajouter alors les sachets de thé noir et retirer du feu. Laisser infuser 2 minutes. Sucrer et servir aussitôt.

**Remarque :**
*Boisson traditionnelle de l'Inde, le masala chaï (prononcez Tchaï) est un thé épicé qui est aujourd'hui populaire dans le monde entier. Il peut se boire avec ou sans lait.*

PRÉPARATION 10 MINUTES • POUR 4 PERSONNES

# TCHAI AU LAIT

**8 sachets de thé noir**
**1 l de lait**
**3 capsules de cardamome**
**1 bâton de cannelle**
**1 c. à c. de gingembre moulu**
**5 baies de poivre noir**
**5 clous de girofle**
**1 gousse de vanille**
**25 cl eau**
**Sucre (facultatif)**

Mixer toutes les épices. (Conserver le mélange dans un bocal hermétique.)

Dans une casserole, porter à ébullition 25 cl d'eau, le lait, la vanille, les sachets de thé et 3 cuillères à café du mélange d'épices. Sucrer et servir aussitôt.

## BOLLYNAN À PARIS

12, rue des Petits Carreaux 75002 Paris
01 45 08 40 51
www.bollynan.com et www.facebook.com/bollynan


## REMERCIEMENTS

Je souhaite remercier particulièrement mon épouse Alvina pour son courage, sa patience et pour tout le travail accompli pour le livre. Un grand merci à mon père Jaga, mes amis Bernard, Manuel et François, pour leur inestimable soutien et sans qui Bollynan ne serait pas ce qu'il est aujourdhui. Merci à mon ami et graphiste designer Eugene Dorival pour la création du logo et pour ses superbes travaux. Merci à Charlotte pour les superbes photos. Et un grand merci à tous nos clients pour leur fidélité et leur appétit.


## SHOPPING

L'objet qui parle : 86, rue des Martyrs 75018 Paris
Rickshaw : 7, passage du Grand Cerf 75002 Paris
VT Cash&Carry : 11-15, rue Cail 75010 Paris




Shopping : Sabrina Fauda-Rôle
Création graphique : Minsk-Studio
Relecture : Sophie Schang et Véronique Dussidour





43, quai de Grenelle, 75905 Paris Cedex 15
4122123
ISBN : 978-2-501-08203-7
Achevé d'imprimer en Espagne par Graficas Estella en juillet 2013

# PAN MASSALA

Mélanger 2 c. à s. de graines de fenouil sucré et 5 c. à s. de pan massala (anis vert, cardamome, bétels, sésame, réglisse) acheté dans une épicerie indienne.

*Le pan massala est un mélange d'épices dégusté à la fin du repas, pour faciliter la digestion. Il laisse une agréable sensation de fraîcheur en bouche.*